상추쌈 어린이 01

어린이를 위한 대안 에너지 교과서

잘 가, 석유 시대

사라진 것

거의 사라진 것

해리엇 러셀 지음   윤순진 감수

오른쪽 그림을 봐.
네가 본 것에다 100만을 곱해 볼래?
그만큼이 우리가 하루에 쓰는 석유야.
어림잡아 1년에 310억 배럴쯤 돼.

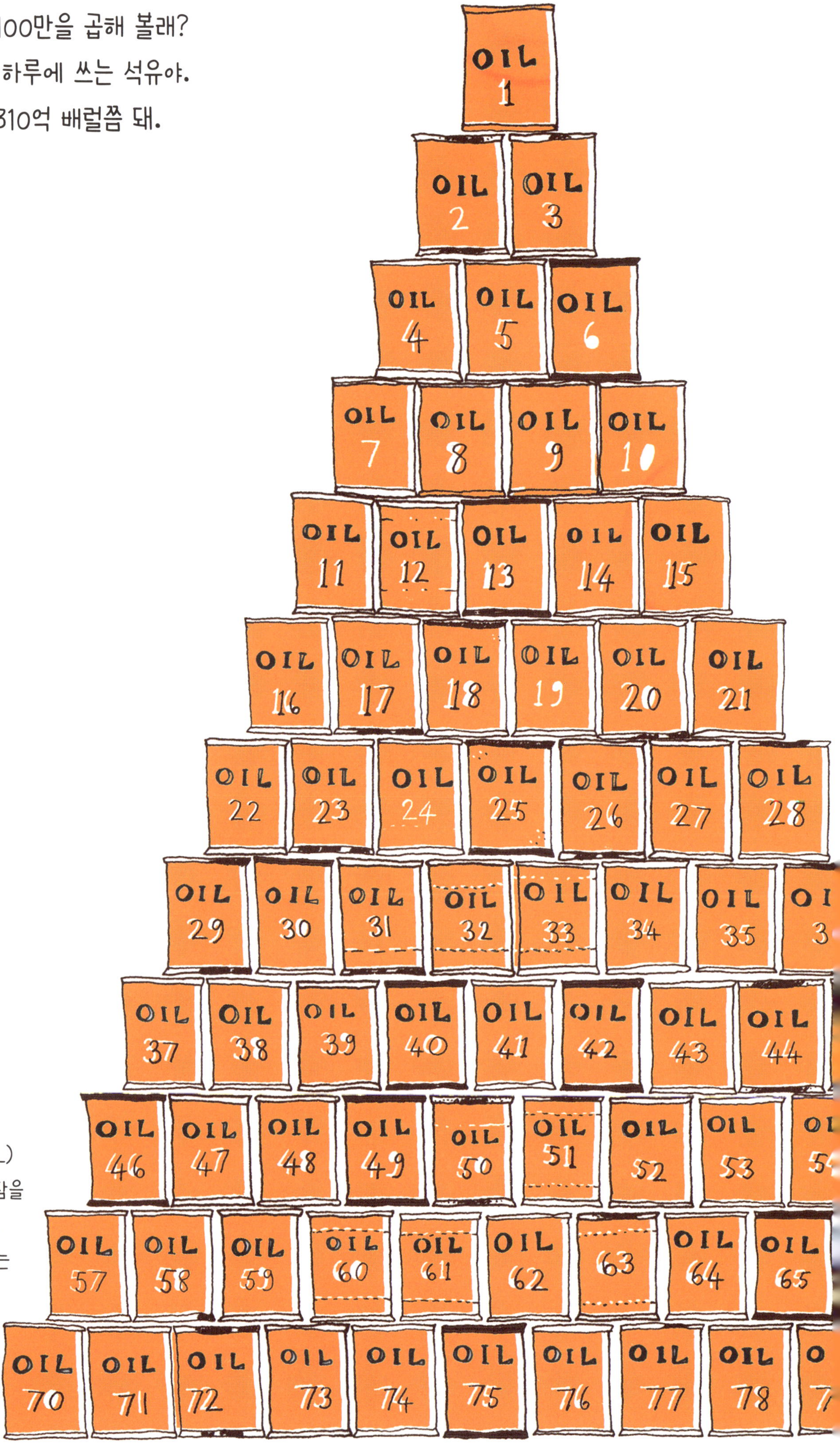

배럴은 석유(OIL) 약 159리터를 담을 수 있는 통이야. 석유 부피를 재는 단위로도 써.

우리가 꺼내 쓸 수 있는 석유가 바닥나 가고 있어.
어떤 사람들은 석유가 32년이면 몽땅 사라질 거라고 생각해.
시간이... 얼마 없어.

 ## 석유를 찾아봐

안녕! 나는 조그만 석유통이야.
여기 아래, 이 정신없는 녀석들 사이에 숨어 있어.
날 찾을 수 있겠니?

나 숨는 거 정말 잘하지 않아?
이제... 이 숲에서 날 찾을 수 있는지 봐.

찾을 수가 없어? 미안, 장난이 심했네.
네가 딴 데 보는 사이에, 휘발유를 마구 잡아먹는 커다란 트럭이 나를 벌컥벌컥 들이마셨거든.
그다지 즐겁진 않았어, 진짜야.

석유는 우리가 난방을 하고, 불을 밝히고, 자동차를 탈 수 있게 해 줘. 게다가, 네가 생각지도 못한 많은 걸 만드는 데 쓰여.

여기 보이는 건 몽땅 석유로 만든 거야. 아니면 석유가 없이는 만들 수 없는 석유 화학제품이거나.

색안경
비료
양초
화장품
플라스틱 병
크레용
비닐봉지
휴대용 오디오
합성섬유 깔개
치약과 칫솔
가정용 페인트

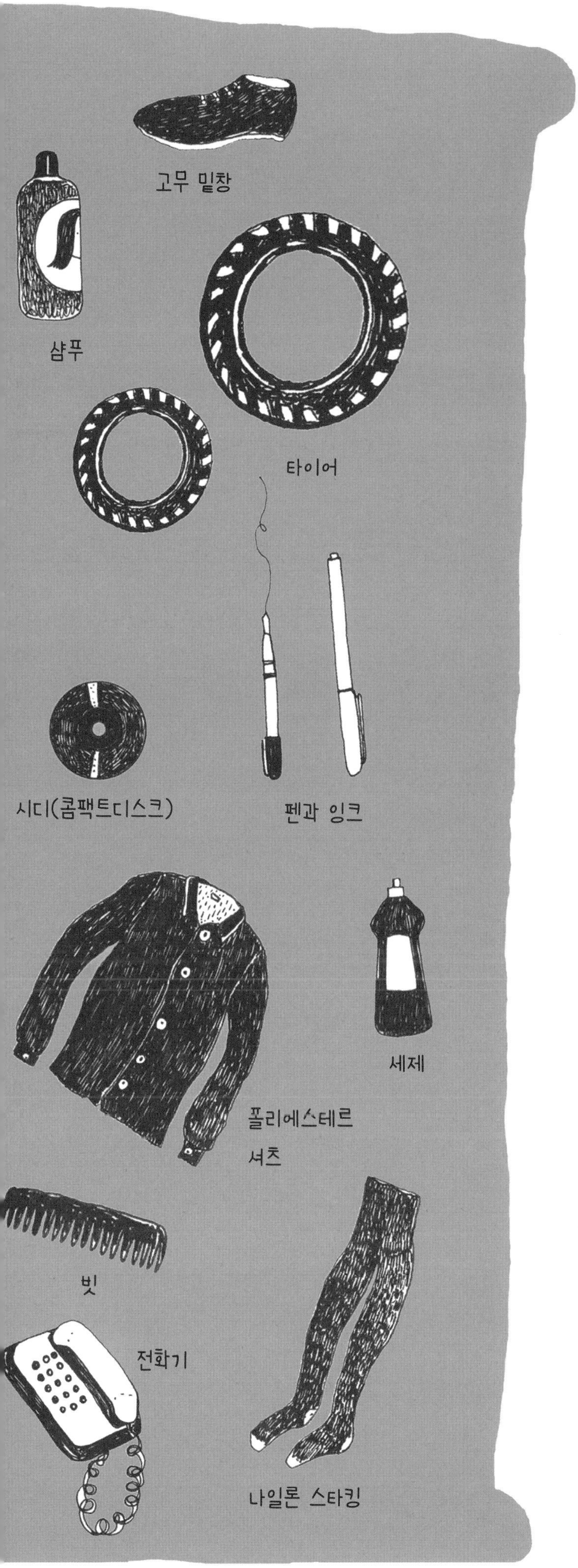

고무 밑창

샴푸

타이어

시디(콤팩트디스크)

펜과 잉크

세제

폴리에스테르 셔츠

빗

전화기

나일론 스타킹

↓ 석유는 아주 중요해.

V.I.P.

석유는 다시 생겨나지 않는 거야. 그래서 가치가 있어. 써 버리면 끝이거든.
수백만 년 전에 동물성 플랑크톤과 식물성 플랑크톤이라고 하는 조그만 선사시대 생물들이 만들어 낸 거래.

 내가 없으면 너는 차를 탈 수 없어.

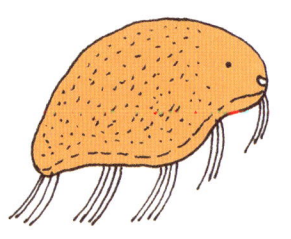 잔디도 깎을 수 없지.

 내가 없다면 넌 어둠 속에 앉아 있어야 할 거야.

 그리고, 비행기도 탈 수 없겠지.

이 생물들이 죽어서 깊은 바닷속에 가라앉았어. 그게 진흙에 덮여 있다가, 점점 딱딱해져서 바위로 변해 갔어. 그걸 열기와 아주 강한 압력이 석유로 바꿔 놓았대.

땅과 바다 아래, 수백 미터짜리 바위 층 사이에 석유가 갇혀 있어. 아주 큰 드릴로 뽑아내야 해. 이 드릴이 매달린 구조물을 시추탑이라고 해.

석유 시추탑 사이에서 에펠탑을 찾아봐.

안녕! 나는 시추탑 뿜뿜이야.

'꾸벅꾸벅 조는 당나귀'라는 별명이 붙은 원유 시추기를 써서, 땅속에서 석유를 퍼 올릴 수도 있어.

수압 파쇄법이라고 하는 방법으로 땅속 깊은 곳에서 석유를 뽑아 올리기도 해.

올림픽 수영 경기장을 600개쯤 채울 수 있는 깨끗한 물을 트럭으로 실어 날라. 호수와 강, 개울에서 퍼다가 땅속에 우물을 파고 밀어 넣는 거야.

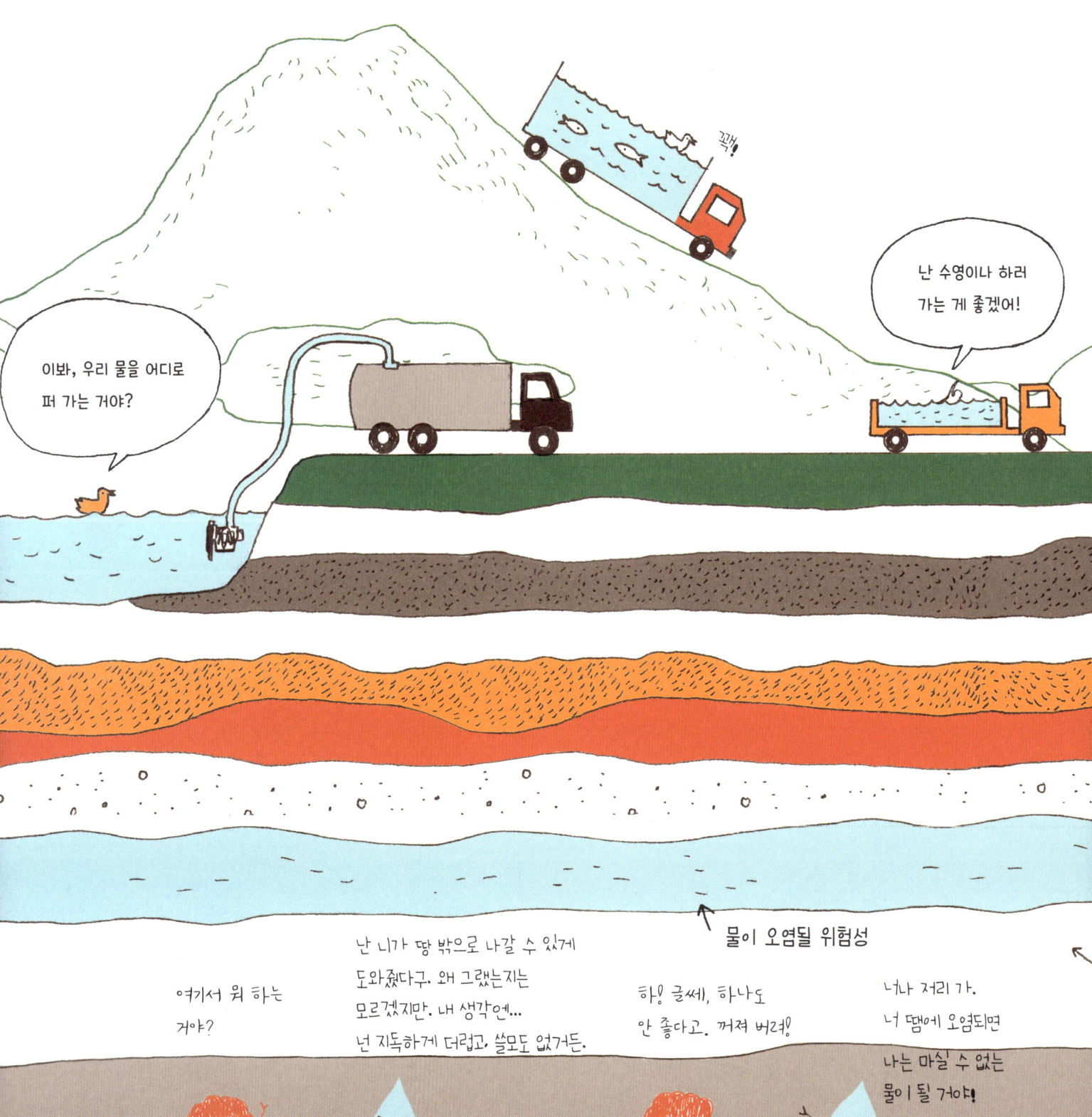

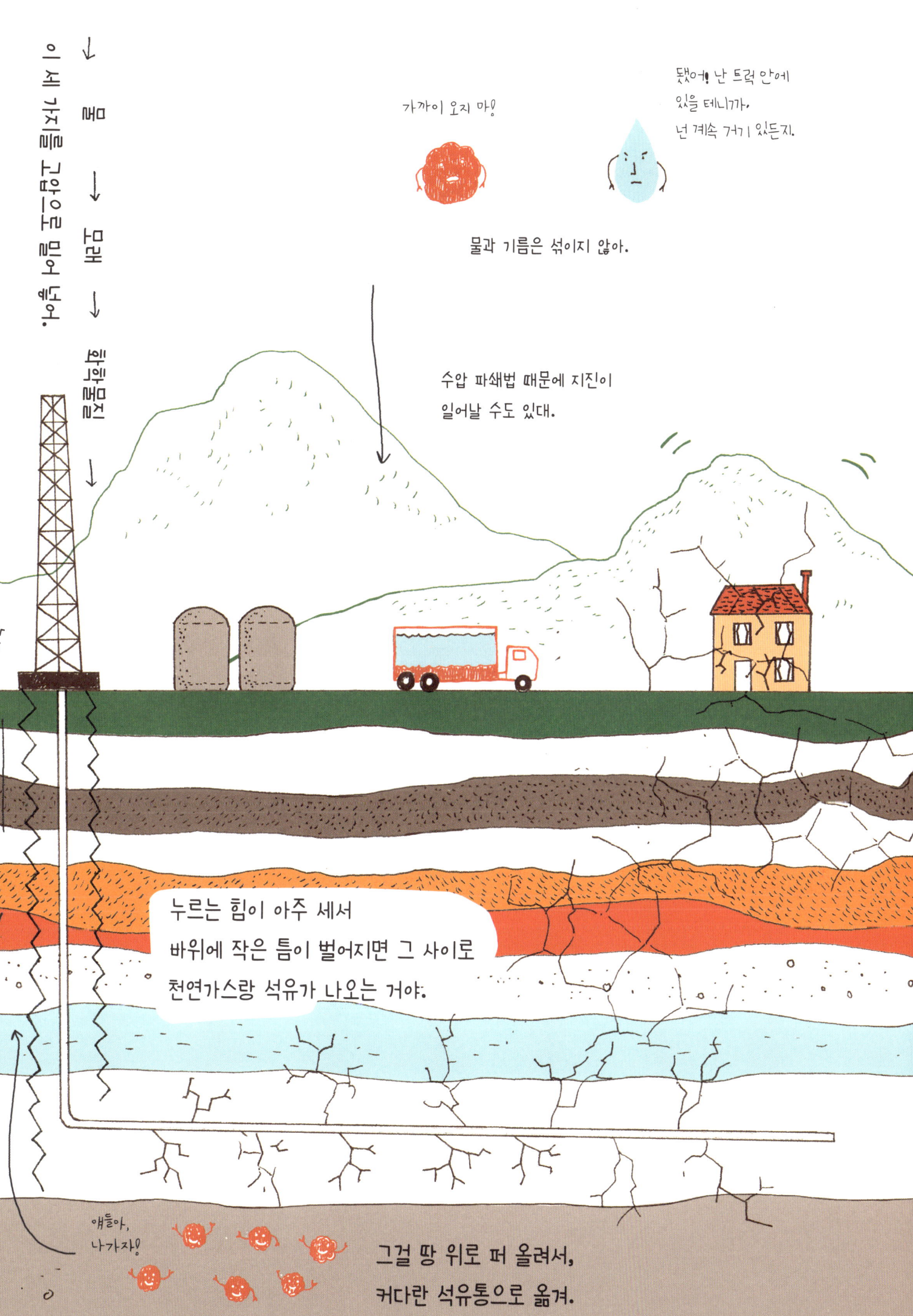

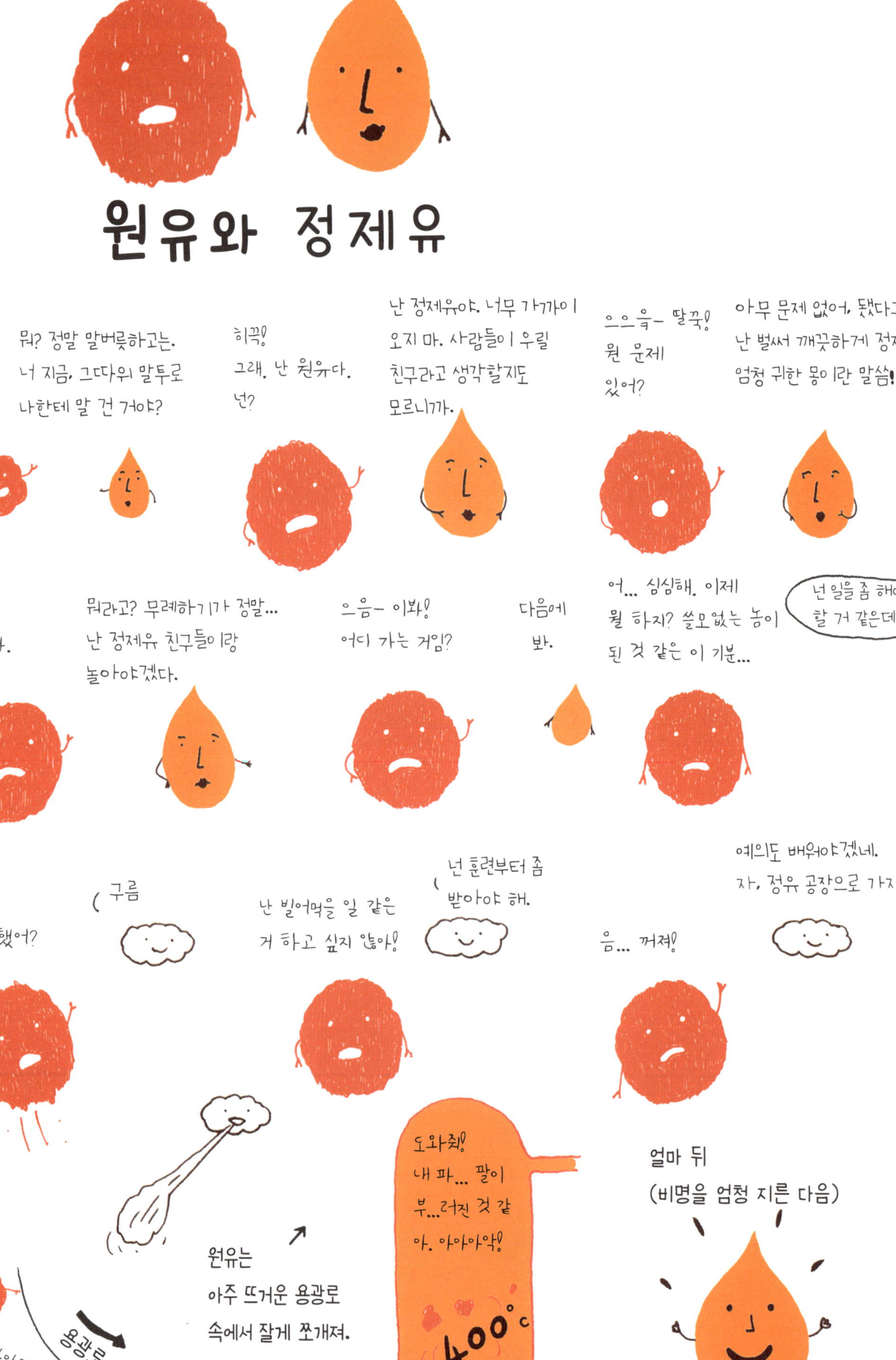

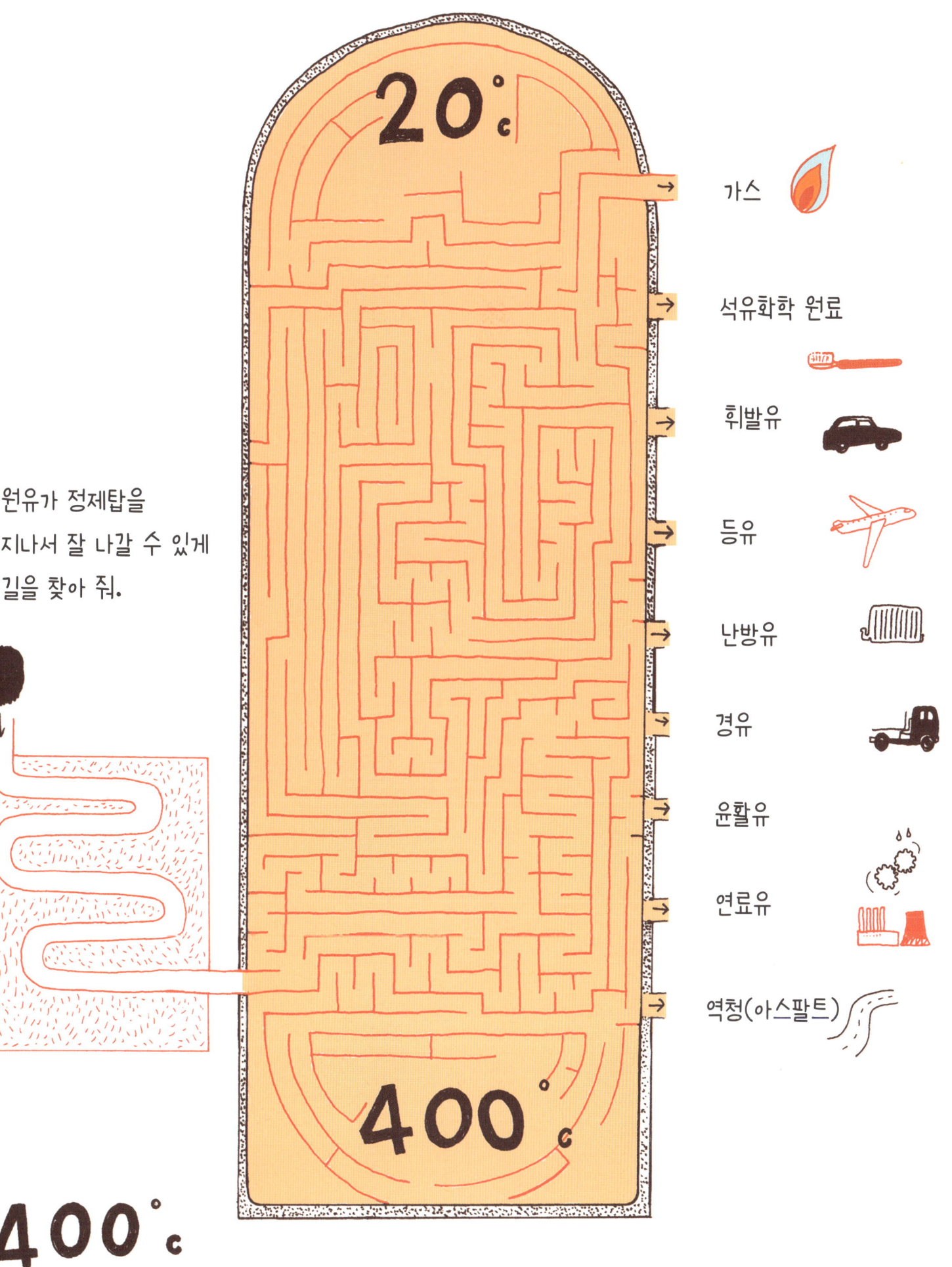

1973년에

석유가 심각하게 부족했던 적이 있거든.
그때 미국에서는 원유 수입량이 120만 배럴에서 만 9천 배럴로 줄었어.

하루에 이만큼이던 게 이만큼으로.

석유값은 네 배나 올랐지.

$$\$3 \times 4 = \$12$$

학교도 사무실도 난방유를 못 사서 문을 닫았고.

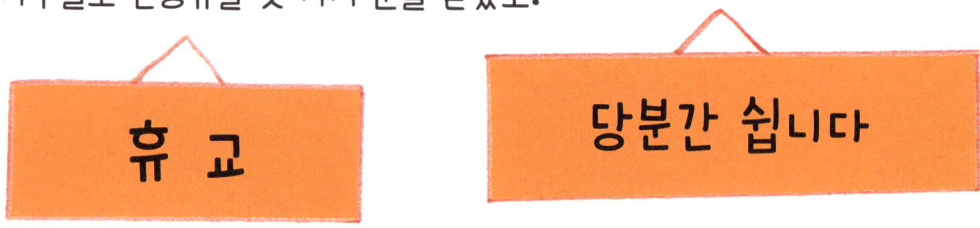

휴교   당분간 쉽니다

공장은 생산을 줄이고 노동자들을 해고했어.

으아아악, 휘발유가 다 떨어졌어. 도와줘!

주유소에 가도 기름이 없었어.

여기도 없어요.

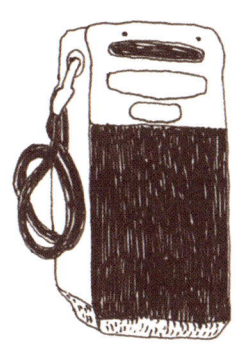
오늘도 내일도 모레도 글피도…

미안! 기름이 떨어졌어

죄송!

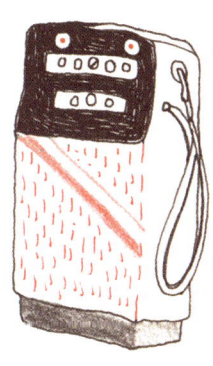
난 텅텅 비었어.

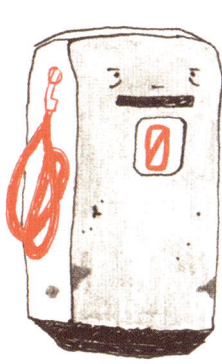
날마다 손님들 기름 넣어 주느라 바빴는데… 근데 지금 나를 보라구. 난 무슨 소용이 있지?

너무 슬프고 허전해. 내가 뭘 어떡해야 하는 건지 모르겠어. 이런 상황은 정말 끔찍하다고.

아, 정말이지 제발 그만 좀 해 줄래? 지금 너만 힘든 게 아니라니까.

40년도 더 전 얘기지만, 우리도 언제든 비슷한 일을 겪을 수 있어.

지금처럼 석유를 많이 써서는 안 돼. 석유가 점점 바닥나고 있거든. 환경을 위해서도 그래.
석유나 다른 화석연료를 태우는 건 해롭지. 이산화탄소도 엄청 내뿜어. 우리가 사는 지구에 아주 나빠.
그렇다는 건 우리가 살아가는 방식을 크게 바꿔야 한다는 얘기야.
자동차 타는 일을 줄이고, 다른 탈것이 있는지 찾아봐야 해.

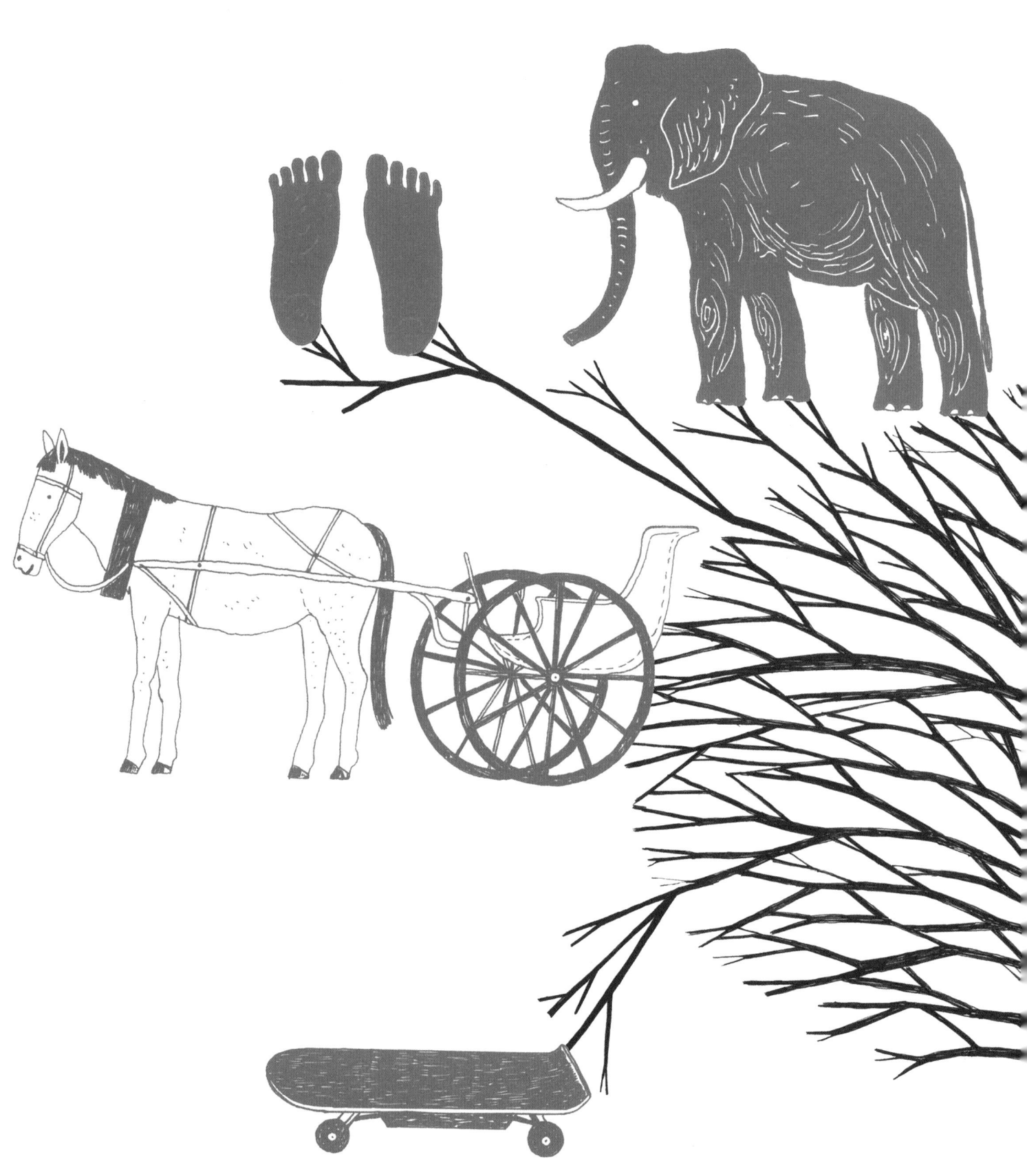

자전거랑 롤러스케이트, 스케이트보드, 튼튼한 두 발, 말이나 코끼리, 낙타…
다른 거 뭐 떠오르는 거 있니?

바람이 숭숭 드나드는 집을 데우는 것보다, 처음부터 따뜻한 집을 짓는 게 더 이치에 맞겠지.
열기가 집 안팎을 드나들 수 없도록 하는 건, 마치 커다란 이불이나 담요로 집을 감싸는 것과 같은 거야.

다양한 단열재 종류

이불

담요

찻주전자용 덮개

목도리

스웨터

털모자

너도 단열재를 두를 수 있을 텐데...

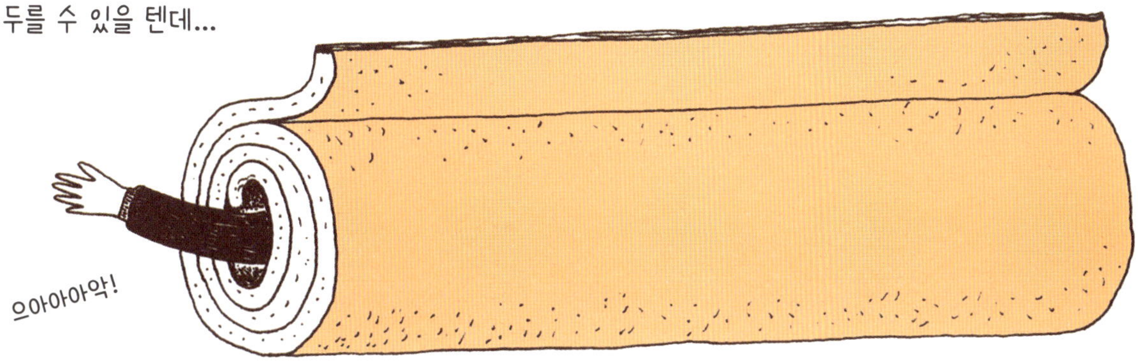

으아아아악!

난방 기구를 바꿔 봐.

이런 걸로 말야.

단열이 잘된다는 건 난방을 덜 해도 된다는 얘기지.
모든 사람이 난방 온도를 3도만 아래로 내리면, 엄청난 에너지를 아낄 수 있을 거야.

우리가 쓰는 에너지는 모두 **태양** 에서 나와.

우리는 햇빛과 태양열로 집을 환히 밝히거나, 따뜻하게 난방을 할 수 있어.

물을 데우고, 요리를 하고, 심지어 사람이랑 물건도 나를 수 있지.

태양광 주택

액티브 하우스
(에너지 활용 주택)

에너지 활용 주택은 지붕에 태양 전지판을 설치한 게 많아. 이 전지판으로 햇빛 에너지를 모아서 전기를 만들고 물을 데우는 거야.

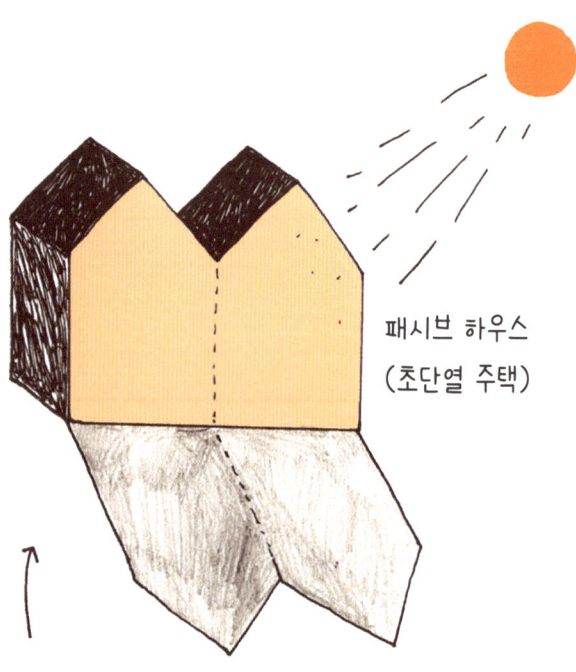

패시브 하우스
(초단열 주택)

초단열 주택에는 온실 같은 큰 유리벽이 있어. 이 유리벽은 낮에는 햇빛을 모아 들이고 밤에는 빈틈없는 커다란 덧문이 돼.

그런데 조금 바보 같아.
우리 집에 에너지가 가장 많이 필요할 때, 그러니까 겨울이지. 그때는 해가 금방 져.
하지만 집에 햇빛이 거의 안 필요할 때는 해가 오랫동안 빛난다고!
어쩌면 겨울이랑 여름을 바꿔야 할까?

바람에서도 에너지를 얻을 수 있어.
작은 풍차가 저마다 전기를 만들 수도 있고, 도시 전체가 쓸 수 있는 전기를 생산하는
커다란 풍력발전소를 세울 수도 있지. 바람 농장은 양이나 돼지, 닭을 기르는 농장이랑은 달라.
아주 넓은 지역에, 수많은 풍차가 흩어져 있거든.

난 말야. 좀 들쭉날쭉한 편이기는 해.

부는 바람 가운데 1/3밖에 쓸 수가 없지.

가끔은 너무 세게 불기도 하고.

바람이랑 태양 말고도 여러 가지 재생에너지가 있어.

에너지

수력

높은 곳

낮은 곳

지열(땅속에 쌓인 열에너지)

아이슬란드에서는 지열 난방을 많이 한대.
그곳 사람들은 눈이 쌓인 날도, 온천에 수영하러 가.

파력

저건 뭐 하는 거야?

바닷속 풍차야!

에너지를 만든대.
바닷물이 흐르는 힘으로 풍차를
돌리고 전기를 생산하는 거래.

이야, 정말 똑똑한 걸!

사료용 풀은 농사짓기에 좋지 않은 거친 땅에서도 잘 자랄 수 있어.
베어 낸 풀은 썩혀서 퇴비로 다시 쓸 수도 있지.
집에서도 음식 찌꺼기를 삭혀 거름을 낼 수 있어.

생물 연료(바이오 연료)는 옥수수, 밀, 해바라기, 사탕수수, 사료용 풀과 나무 들로 만들어.
석유처럼 다 써 버리면 사라지는 게 아니라 언제든 다시 얻을 수 있는 재생에너지야.

먹으려고 가꾸는 것이기는 하지만, 어떤 작물은 생물 연료를 만들 때도 쓸 수 있어.

우리 차는 옥수수 연료를 넣는다고.

거름으로 생물 연료를 만들기도 해.

우리 집 트랙터는 말똥 연료를 써.

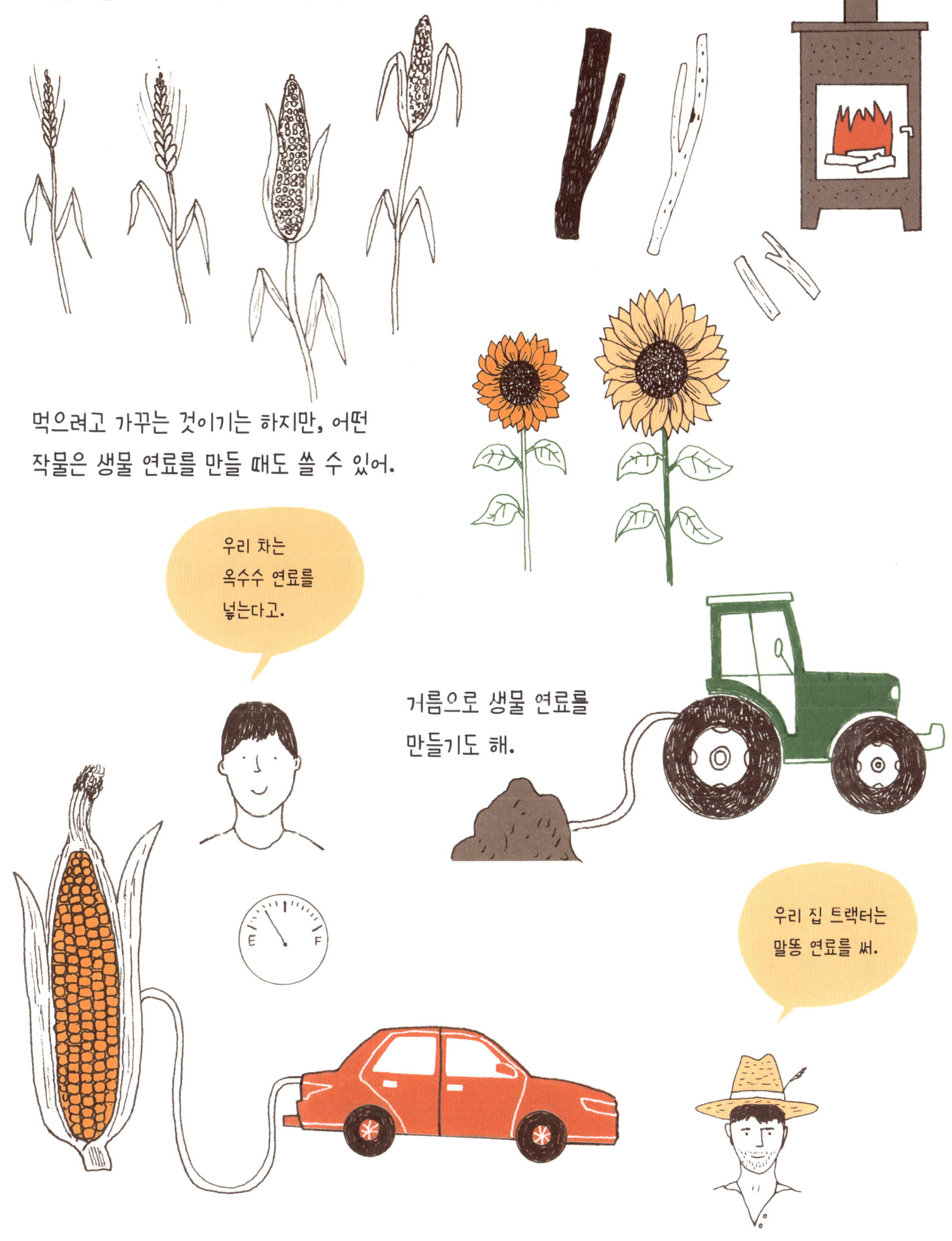

자급자족 하게 되면 에너지를 아낄 수 있는 방법이 많아.
과일이나 채소를 기르고, 닭을 치고, 마당에서 물을
여러 번 다시 쓰고, 거름을 만드는 거야.
빨간 선을 따라가면, 물건과 에너지가 어떻게
쓰이고, 또 다시 사용되는지 알 수 있어.

풍경을 골라 봐

네가 원할 때 땅속 새 집 창문에 바꿔 끼울 수 있는 풍경이 많이 있어.

몹시 춥거나 더운 고장이라면, 땅속에 집을 지을 수도 있지.

땅속에 지은 새 집을 둘러봐

80%
에너지 비용을
아낄 수 있대.

땅속에 집이 있다면
겨울엔 따뜻하고 여름엔 시원하겠지.

지붕 잔디를 깎고 있어.

자, 여기 새로운 네 이웃들이야.

우와, 엄청 큰 집에 사는
옆집 저 사람들 좀 봐.
있는 척하기는.

어떤 땐 너무 느리거나 아예 안 불기도 하거든.

물론 제대로 돌아갈 때도 있어.

그러니까 나도 내 친구 태양처럼 다른 에너지랑 같이 쓰는 게 좋지.

바람개비를 만들어 보자

------ 접는 선
——— 이미 접은 선

준비물

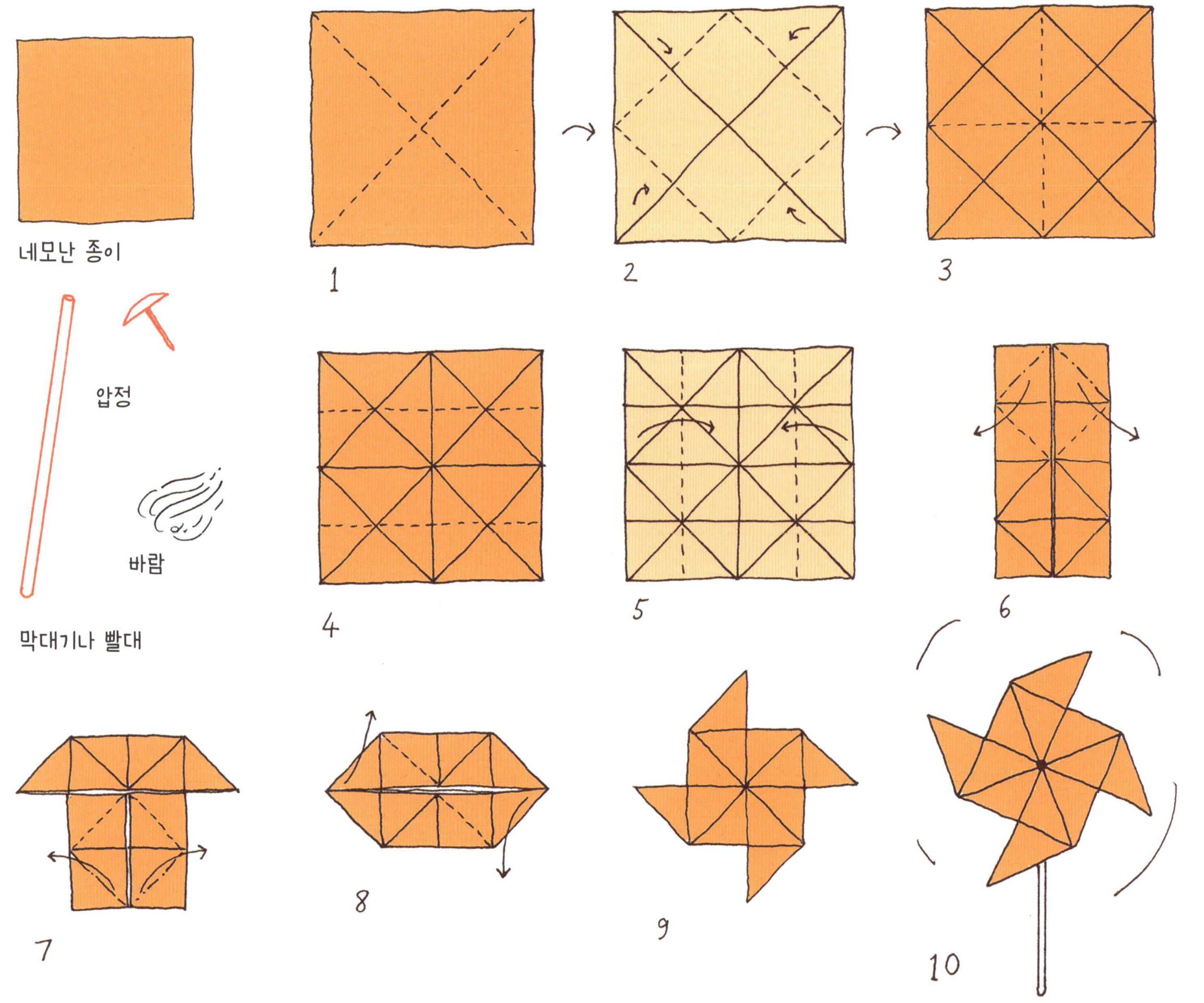

네모난 종이

압정

바람

막대기나 빨대

1

2

3

4

5

6

7

8

9

10

안녕! 나는 또 다른 작은 석유통이야.
이제 네가 재생에너지에 대해서 알게 됐으니까...
우리 모두가 그걸 쓰기 시작한다면 말야,
내 친구들을 아주아주 많이 구할 수가 있어.

야호!

만세!

야호!

앗싸!

만세!

고마워.

살았다!

?

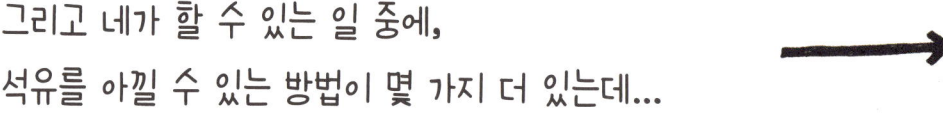

그리고 네가 할 수 있는 일 중에,
석유를 아낄 수 있는 방법이 몇 가지 더 있는데...

집 가까이에서 휴일을 보내는 거야.

여행 설계사

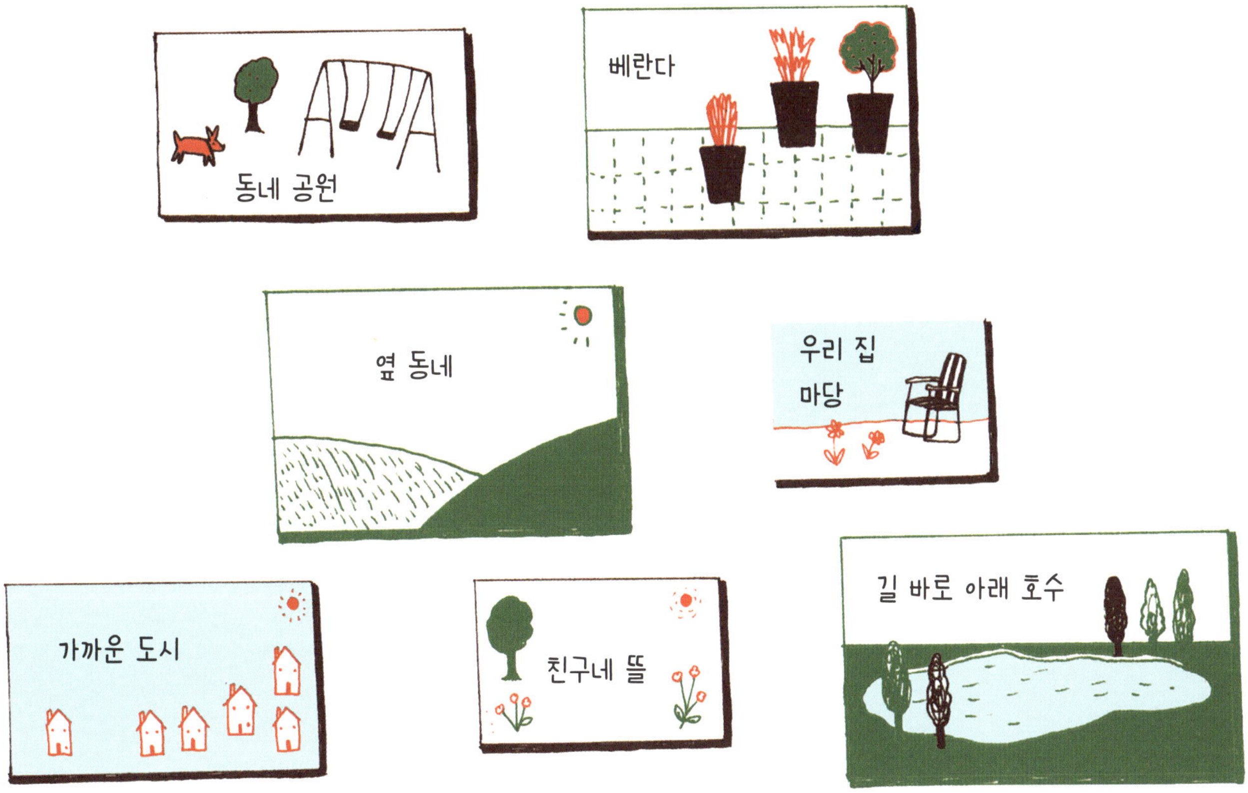
동네 공원
베란다
옆 동네
우리 집 마당
가까운 도시
친구네 뜰
길 바로 아래 호수

텔레비전이랑 컴퓨터를 멋진 책들이랑 바꿔 봐.

내가 텔레비전 보다 나아.
엄청 재미있다구.
한번 읽어 봐.
완전 빠져든다니까.
괜찮은 읽을거리임.

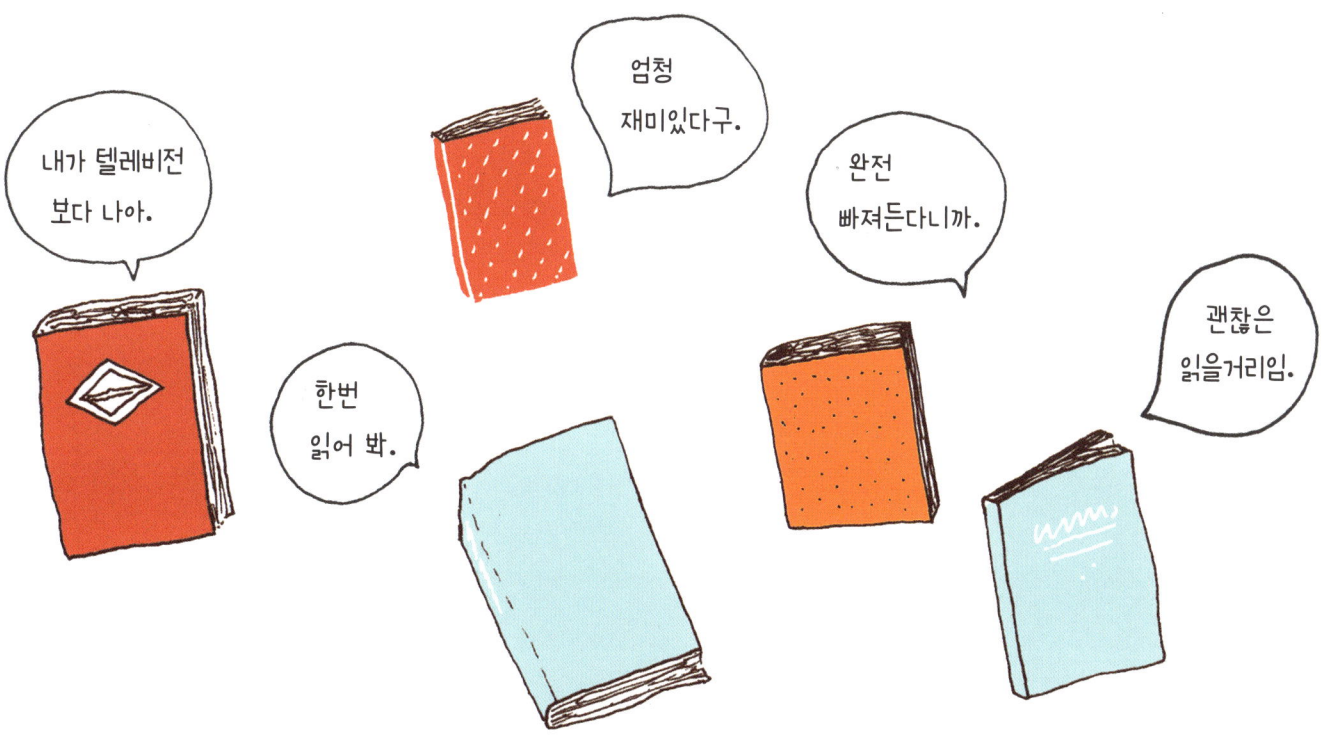

재활용도 하고.

나는 재활용 종이컵이야.
전에는 골판지 상자였어.
그 전에는 전화번호부 속 종이였지.
다음엔 뭐가 될지 궁금한데 말이야...

종이 냅킨

길을 따라가면
알 수 있지.

신문지

생일 카드

봉투

밖에 나가서 더 많이 놀아.

이제… 볼품 없고 당근을 닮은 무도 사랑해.
(당근은 아무리 잘 봐도 수 없이 덜 예쁜 도로카지는.)